위기의 이해와 개입

On - Scene Crisis Intervention

현장에서의 위기개입

Crisis Intervention

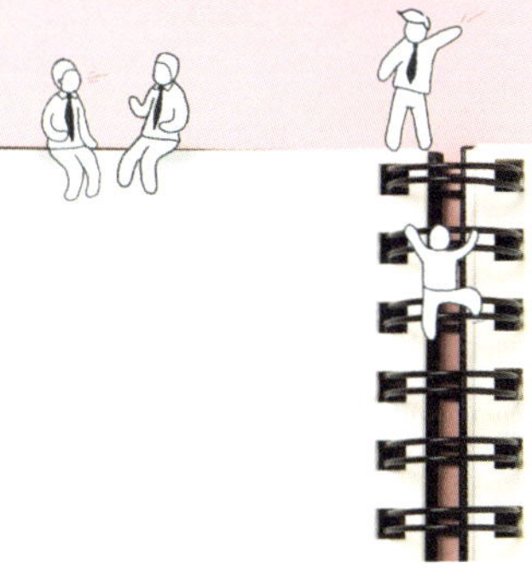

목 차
Contents

위기개입의 이해

01

위기의 이해

Why?

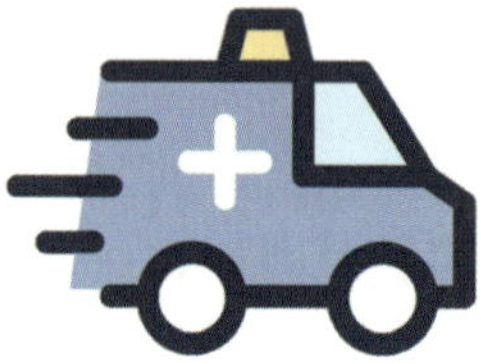

중요할 때에 합리적이고 목적이 분명한 작은 도움을 주는 것은
정서적으로 수용되기 어려운 시기의 광범위한 도움보다
더 효과적이다.

Lydia Rapoport(1962)

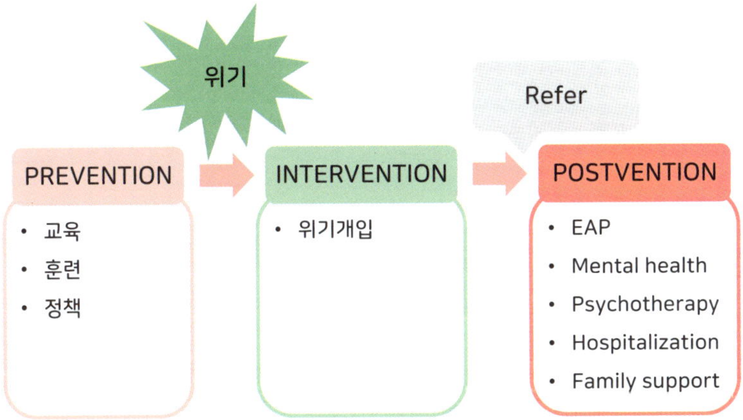
위기
Refer
PREVENTION
• 교육
• 훈련
• 정책
INTERVENTION
• 위기개입
POSTVENTION
• EAP
• Mental health
• Psychotherapy
• Hospitalization
• Family support

위기의 정의

평소 개인의 대처가 실패하여 심각한 어려움을 경험

Caplan(1961, 1964)

안정된 상태의 혼란

Rapoport(1962, 1970)

개인의 평소 대처 기제로 해결할 수 없는
위험한 사건이나 상황의 결과로, 심리적 불균형을 초래

Roberts(2000)

개인의 자원이나 대처기제를 넘어서서
견딜 수 없다고 인식되는 상황이나 사건

James&Gilliland(2005)

위기의 특성

위기는 개인의 안정성과 대처능력을 위협하는 스트레스 사건에 대한 반응

사건에 대해서 위협적으로 인식	사건의 영향을 줄이거나 바꿀 수 없다고 인식	평소 개인의 대처기제가 실패
긴장, 혼란감, 화, 불안이 증가	다양한 인지, 정서 신체적 불편감이 증가 (심리적 균형의 파괴와 스트레스 증가)	드물게 발생
시간제한적	어떤 위기는 정상적 (발달상의 위기들)	위기는 긍정적인 성장과 변화를 일으킬 수 있음

위기의 유형

위기	유형	내용
위기	발달적 위기	인간 성장의 보편적 변화 (대학졸업, 결혼, 출산, 이직, 퇴직 등)
	상황적 위기	예측 불가능한 비일상적 사건 (교통사고, 성폭력, 갑작스런 질병이나 죽음, 이혼 등)
	실존적 위기	기쁨, 행복, 사랑, 책임, 자아개념 같은 인간적인 이슈와 함께 동반되는 내적 갈등

위기의 단계(Caplan, 1964)

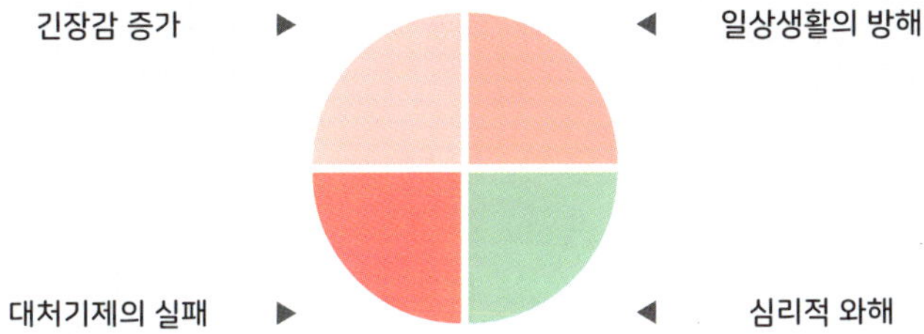

위기의 반응

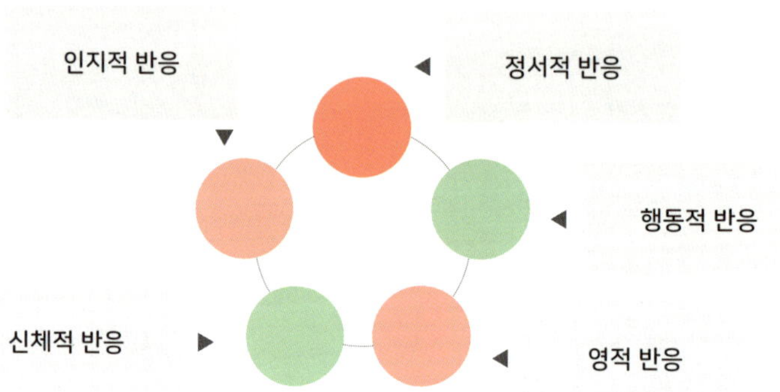

위기의 평가

위기분류 평가체계
(Triage Assessment System: Myer et al., 1992)

정서상태	• 현실적인 방법으로 감정을 표현하기 • 정서적 반응이 상황과 일치하는가? • 다른 사람들도 이런 상황에서 비슷한 정서를 보이는가?
행동기능	• 긍정적인 활동 촉진하기 • 이전에 이와 비슷한 경우, 어떻게 행동했습니까? • 지금 할 수 있는 것은 무엇입니까?
인지상태	• 생각이 얼마나 현실적이고 일관성이 있는가? • 신념변화에 개방적인가? • 위기를 악화시키는 것을 믿고 있거나 과장하거나 합리화 하는가?

위기의 평가

SEA-3: 관찰에 근거한 현장 평가도구 (Everly, 2006)

- 언어(speech): 질, 양, 흐름, 구조 등
- 정서(emotion): 지배적인 기분, 적절성, 업음, 도취상태, 우울, 화, 공격성, 불안, 두려움 등
- 외모(appearance): 단정함, 청결함, 기행, 일반적이지 않은 신체적 특징 등
- 각성(alertness): 사람, 장소, 시간에 대한 인식, 통찰, 판단력, 기억력, 지적기능, 사고의 주제/내용 등
- 행동(activity): 얼굴표정, 자세, 움직임, 대인관계 상호작용 등

02

위기개입의 이해

위기개입과 심리치료(Mitchell, 2003)

	Crisis Intervention	Psychotherapy
목 적	고통을 줄이기 위한 심리적 응급처치와 적응적인 기능으로 회복하기 위한 도움 제공	개인의 성장과 발달
맥 락	예방, 적응적 기능의 회복	재구조화, 성장
시 기	즉시, 스트레서에 시간적으로 밀접	지연, 스트레서로부터 멀리
장 소	스트레서와 가까운 곳, 필요한 곳 어디나	안전한 곳
기 간	몇 분 길이의 접촉, 1~3회, 최대 8회	8~12회, 필요한 경우 몇 개월
시간적 초점	Here & now	Present & past
전략적 초점	의식적인 과정, 환경적인 스트레서/요인	병리와 의식/무의식적인 자원
제공자 역할	Active, directive	Guiding, collaborative, consultative
제공자	위기에 처한 사람을 돕고자 하는 훈련된 사람, 정신건강전문가/준전문가/성직자 등	정신건강 전문가
목표	안정, 손상의 감소, 기능의 회복, 다음 수준의 개입으로 연결	증상감소, 개인의 성장, 재구조화

위기개입의 목적(Caplan, 1961)

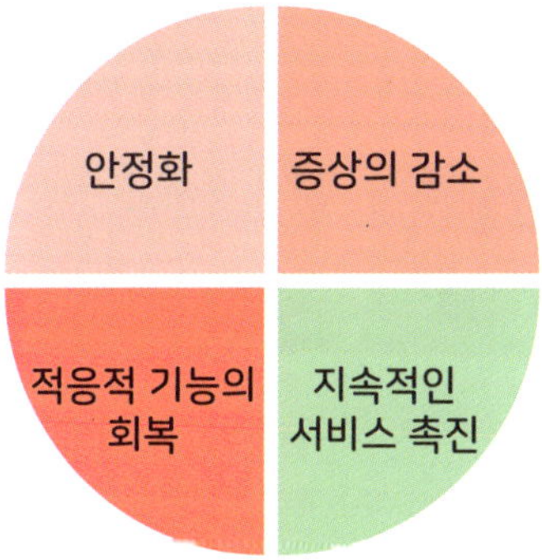

위기개입을 통해
자연적인 회복력을
강화하는 것이 목적이다.
(1961, Caplan)

- 단기적인 지원 과정
- 심리치료가 아님

위기개입의 원칙

근접성 (proximity)	즉시성 (immediate)	기대 (expectancy)
간결성 (brevity)	단순성 (simplicity)	실용성 (pragmatism)
	혁신성 (innovation)	

(Solomon & Benbenishty, 1986, Rapoport, 1965, Slaby, Fieb & Tancredi, 1975)

위기개입의 매커니즘

- 기본적 욕구 충족 (NIMH, 2002-rec)
- 소통 / 옹호 (NIMH, 2002-rec)
- 카타르시스적 정서표현 (Pennebaker, 1999-emp)
- 사회적 지지, 집단 응집력
  (Flannery, 1990-emp; APA, 2004-rec)
- 교육 / 정보 (NIMH, 2002-rec)
- 스트레스 관리 (Everly & Lating, 2002-rev)
- 문제해결 (Everly & Lating, 2002-rev)
- 갈등 해결 (Everly & Lating, 2002-rev)
- 인지적 재구조화
  (Taylor, 1983-emp; Affleck & Tennen, 1996-rec)
- 영적 개입 (Everly & Lating, 2002-rev)

주의사항

1. 외상사건에 노출된 대다수의 사람들은 관련된 정보 이상의 정형화된 심리적 개입을 필요로 하지 않는다.
2. 위기반응에 대한 정상화가 권장되어야 하지만, 심각한 위기반응이 묵살되어서는 안 된다.
3. 자기나 타인에 대한 위협이 있는 정도의 손상이 아니라면 위기개입은 자발적이 되어야 한다.
4. 위기개입자는 적응적인 보상기제나 자연적 회복을 방해하지 않도록 주의해야 한다.

주의사항

5. 편안하게 느끼지 않는다면, 사건을 재 경험하도록 사건에 대해서 자꾸 이야기하게 권장해서는 안 된다.

6. 의심스럽다면 도움을 구하고, 수퍼비전을 받아라.

7. 약물, 수술, 상담 등 사람에 대한 모든 개입과 원조 행동은 부정적인 결과의 위험을 내포하고 있다.

부적절하고나 충분하지 않은 훈련은 위의 7가지 이상의 가장 심각한 위험요인이 될 수 있다. 즉, 훈련과 수퍼비전은 위기개입의 부정적 결과에 대한 위험을 감소시키는 최고의 방법이다.

03

위기개입 모델

The Seven-Stage Crisis Intervention Model

(Roberts, 1991)

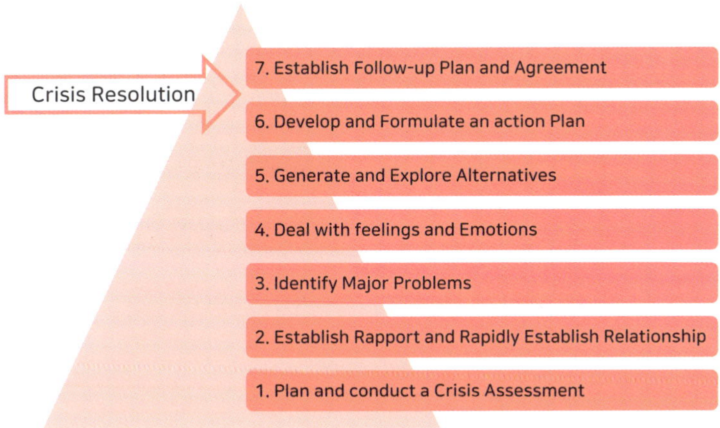

Gilliland's Six Step Model(Gilliland, 1982)

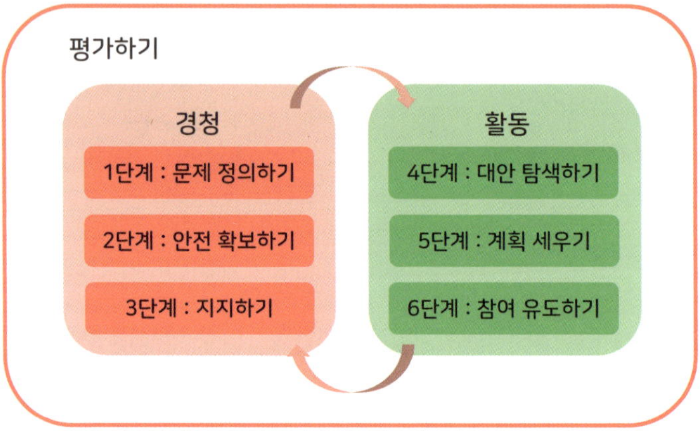

Critical Incident Stress Management

(Everly & Mitchell, 1999, 2008, 2013)

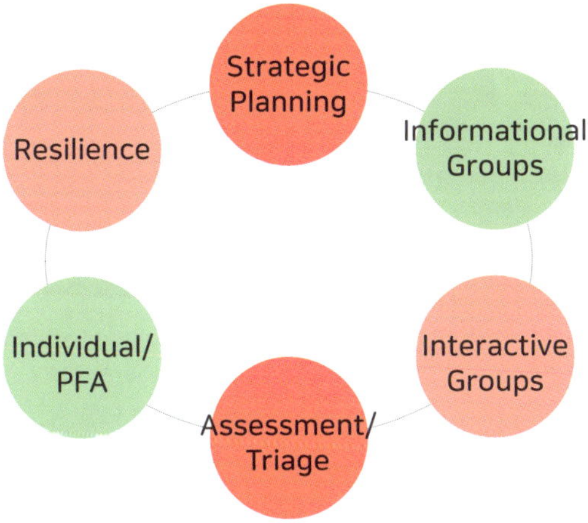

위기개입 프로그램에 대한 합의

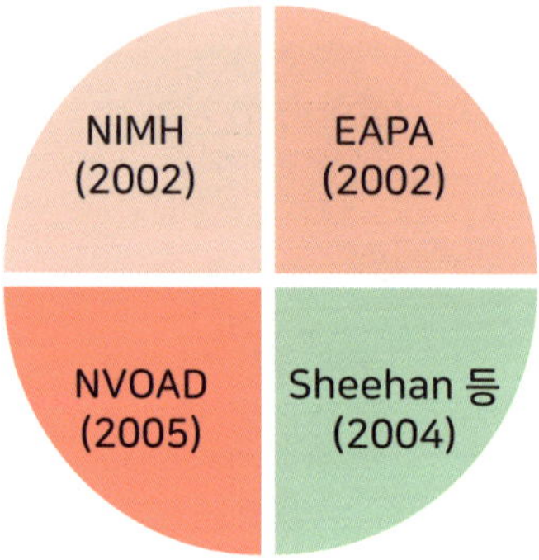

- 개인, 집단 등 다요인 개입
- 전문적 훈련은 필수
- 지속적인 심리적 케어 시스템의 일부

- CISM이 이런 합의점을 포함하는 가장 적절한 근거기반의 위기개입 모델

04

위기개입의 적용

개인 위기개입

SAFER-R Model (Everly, 1995)

안정화(Stabilization)
소개, 기본적인 욕구 충족, 급성스트레서 경감, 라포형성

위기 인정하기(Acknowledgement)
사건과 반응

이해 촉진하기(Facilitation of understanding)
정상화

효과적인 대처 권장하기 (Encourage effectiveness coping)
정서표출, 지지, 교육, 정보제공, 스트레스 관리 등

회복 / 연계 (Recovery / Referral)

개인 위기개입_SAFER-R Model

안정화(Stabilization)

소개, 기본적인 욕구 충족, 급성스트레서 경감, 라포형성

Stabilization of the situation

- 정말 어려워 보이시네요. 뭘 좀 도와드리면 좋을까요?
- 제가 어떻게 하는 것이 지금 도움이 될까요?
- 지금 당장 필요한 것이 무엇인가요?
- 참 힘들어 보이시네요. 제가 어떻게 하면 도움이 될까요?

개인 위기개입_SAFER-R Model

위기 인정하기(Acknowledgement)

사건과 반응

Acknowledgment of the Crisis

- 무슨 일이 있었는지 이야기해 주실 수 있을까요?
- 그 일에 대해서 이야기 해주시겠어요?
- 지금은 좀 어떠세요?
- 그것 때문에 제일 힘든 점은 어떤 것인가요?
- 그 일 이후로 특별히 불편한 것 있으세요?(스트레스 반응을 중심으로)

개인 위기개입_SAFER-R Model

이해 촉진하기(Facilitation of understanding)

정상화

Facilitation of understanding

- 위기에 처한 사람이 인지적인 영역으로 돌아오도록 도와주기
- 위기에 처한 사람들이 극단적인 스트레스 사건에 대한 반응이 정상적인 반응이라는 것을 알도록 도와주기(정상적인 사람들이 경험하는 비정상적인 사건에 대한 정상적인 반응)

개인 위기개입_SAFER-R Model

효과적인 대처 권장하기 (Encourage effectiveness coping)
정서표출, 지지, 교육, 정보제공, 스트레스 관리 등

Encourage adaptive coping

- 호소 문제(스트레스 반응)에 대한 교육
- 심리정서적인 감정해소
- 사회적인 지지
- 기본적인 욕구충족
- 스트레스 관리전략
- 인지적인 재구조화
- 희망감 고취
- 외부지지와 대처자원 연결

개인 위기개입_SAFER-R Model

회복 / 연계 (Recovery / Referral)

- 적응적이고 독립적인 기능 회복
- (필요한 도움으로) 연계

집단 위기개입(Mitchell, 2015)

정보제공 집단 위기개입

- Rest, Information and Transition Services(RITS)
- Crisis Management Briefing(CMB)

상호작용 집단 위기개입

- Defusing
- Critical Incident Stress Debriefing(CISD)

위기개입과 CISM에 대한 오해와 진실

위기개입과 CISM은 심리치료 대신 사용할 수 있다.

위기개입과 CISM은 훈련 없이 실시할 수 있다.

CISM은 CISD와 같은 것이다.

개인 위기개입은 집단 위기개입과 같은 것이다.

위기개입과 CISM에 대한 오해와 진실

모든 디브리핑은 CISD와 같다.

CISD는 단독으로 실시하는 단 회기 개입이다.

CISM 개입에서는 외상사건에 대해서 자세하게 이야기한다.

위기개입과 CISM은 외상후 스트레스장애를 치료한다.

저자 소개

육성필

고려대학교에서 심리학 석사를 마치고 서울대학교 정신과에서 임상심리학 레지던트 과정을 수료하고 고려대학교에서 임상심리학 박사를 받았다. 로체스터대학교의 자살예방연구소에서 박사후 과정을 하였다. 현재 용문상담심리대학원대학교 위기관리 전공 교수로 재직 중이다.

이윤호

고려대학교 상담심리 교육학 석사를 졸업한 후 용문상담심리대학원대학교 위기관리 전공 박사과정을 수료하였다. 현재 한국재난심리연구소 소장으로 재직 중이다.

남옥남

이화여자대학교에서 역사학 석사 졸업, 용문상담심리대학원대학교에서 위기관리전공 석사 졸업, 박사 과정을 수료하였다. 현재 굿씨상담센터, 성북구 건강가정다문화가족지원센터에서 전문상담사로 활동하고 있다.

위기관리총서 시리즈 2 –현장에서의 위기개입매뉴얼

위기개입의 이해와 개입

초판발행 2019년 2월 25일

지은이 육성필·이윤호·남옥남
펴낸이 노 현

편 집 김명희·강민정
기획/마케팅 노 현
표지디자인 조아라
제 작 우인도·고철민

펴낸곳 (주) 피와이메이트
서울특별시 금천구 가산디지털2로 53 한라시그마밸리 210호(가산동)
등록 2014. 2. 12. 제2018-000080호
전 화 02)733-6771
f a x 02)736-4818
e-mail pys@pybook.co.kr
homepage www.pybook.co.kr
ISBN 979-11-89643-26-3 94370
979-11-89643-24-9 (세트)

정 가 4,500원